AF595230

GLOIRE

A LYON.

IMPRIME · CHEZ · LOVIS · PERRIN · RVE · D'AMBOISE · VI
A · LION

GLOIRE
À LYON,

PAR

LE CHEVALIER JOSEPH BARD,

DE LA COTE-D'OR,

INSPECTEUR DES MONUMENTS HISTORIQUES.

LYON,

CHEZ AINÉ FILS, RUE SAINT-DOMINIQUE, 2.

ET CHEZ TOUS LES LIBRAIRES

DE LYON, DE VILLEFRANCHE, DE VIENNE, DE LA BRESSE,

DE LA HAUTE-BOURGOGNE ET DU FOREZ.

MDCCCXXXVI.

AVANT D'ENTRER EN MATIÈRE.

J'aime immensément deux pays, la Bourgogne dont le territoire vient, à quelques lieues d'ici, se confondre avec celui du Beaujolais (Lyonnais), la Bourgogne où j'ai mon berceau près de la tombe modeste de mes pères, mes souvenirs d'enfant, mes tendresses de famille, et Lyon où sont mes affections de poète, mes sympathies artistes et mes chéris monuments.

En revenant de Paris où il va décidément devenir impossible de vivre d'une vie intime, j'avais besoin de me recueillir, et je publiai, sous ce titre : POUR LA BOURGOGNE, un opuscule que les Bourguignons ont lu.

Rentrant à Lyon où le ministre de l'Intérieur m'a confié une vaste surveillance archéologique, sans m'accorder aucun moyen de la rendre efficace, je ne puis résister au plaisir d'offrir aux Lyonnais, un nouveau témoignage de mon vieil attachement. Ils daigneront, je me plais à l'espérer, reconnaître le chantre de Notre-Dame-de-Fourvières, lui tendre encore la main et l'entourer de leur cordiale indulgence.

Apôtre de la décentralisation, j'avais donné mon écrit, consacré à la Bourgogne, à des presses bourguignonnes; à Lyon, j'ai voulu donner ce petit ouvrage à ces presses lyonnaises qui, dès les premiers temps de la typographie, étaient une des gloires de la seconde ville du royaume.

Lyon, 25 juillet 1836.

JOSEPH BARD.

Pater Noster.

I.

Pater noster, dit l'enfant qui, le soir,
Sur les genoux d'un aïeul débonnaire,
Vient s'asseoir,
Tremblant, sitôt que le tonnerre
Gronde à l'entour du manoir.

II.

Pater noster, dit la femme qui passe
Devant la croix dont jadis on marqua
L'humble face
Des mots : AVE † SPES † VNICA
Que la mousse presque efface.

III.

Pater noster, moi je dis à mon tour,
Vers le ruisseau qui doucement murmure
Sous la tour
Que baise la longue ramure
Du saule pleurant d'amour.

IV.

Pater Noster, — sur la fuyante rive
D'où j'aperçois un fragile bateau
Qui dérive
Et puis s'abîme au fond de l'eau,
Avec une voix plaintive.

V.

Pater Noster, — quand je suis égaré
Dans la forêt noire et mélancolique,
Loin du pré
Qui touche à la maison rustique
Où mon lit est préparé.

VI.

Pater Noster, — penché sur une bierre;
— Bas....... — Finissons, en poussant un sanglot,
La prière:
SED † LIBERA † NOS † A † MALO;
— Puis allons au cimetière.

Chorey, 1836.

GLOIRE
A LYON.

TOVT . LOR . DIEV . ET . LAMOVR
TOIOVRS

I.

CONSÉCRATION.

Je te salue, sœur aînée de la Rome pontificale, deuxième métropole du monde chrétien, illustre fille des Gaules ; toi dont le premier rayon d'aurore éclaire les verdoyantes collines, dont la première fleur de printemps parfume les délicieux alentours : Lyon, vieux L V G D V N V M, tour à tour colonie de Viennois-Allobroges, et cité prétoriale, faible germe que vient déposer sur le sol, le consul L V C I V S M V N A T I V S

PLANCVS, et tige magnifique vivifiée par le sang des martyrs, rafraîchie par la rosée du ciel, caressée par le souffle des séraphins.

Gloire, ô gloire à toi, ville de culte, de souvenirs et de fêtes populaires, de tièdes croyances, de touchants respects et de larges émotions. — Gloire à toi qui précédas de quarante ans Notre Seigneur sur la terre, pour annoncer qu'une incroyable révolution spiritualiste allait s'opérer en Occident. — Gloire à toi, séjour des graces, des amours, des labeurs et des nobles dévoûments; patrie de tant de saints, de tant de savants, de tant d'artistes, de tant de grands citoyens; berceau de LOVISE LABÉ, *la Belle Cordière*, et de CLÉMENCE DE BOVRGES; Seconde Ville Éternelle où les matins sont si radieux, où les derniers chants du Forum, les dernières pompes augustales expirèrent, jadis, comme aux portes d'un nouveau Cénacle de Jérusalem. — Gloire, ô gloire à toi, car tu personnifies à la fois l'Église vivante et la Cité, l'Église avec Saint-Jean, le palais des archevêques-primats, la crypte de Saint-Irénée et le cachot de Sainte Blandine; la Cité avec la Maison-de-Ville.

Depuis près d'un an, je n'ai pas admiré ton peuple recueilli dans sa foi, je ne me suis pas agenouillé à côté de lui sur la dalle mouillée de ses pleurs; je n'ai pas foulé le gazon de tes vallées, je ne me suis pas assoupi à l'ombrage de leurs arbres bruissants, je n'ai pas parcouru tes places immenses, tes quais si amoureusement groupés, je n'ai point livré ma fragile gondole aux vagues de ce Rhône qui gronde si haut, en te quittant. — Depuis près d'un an, point l'on ne m'a vu, humble pélerin, déposant mon bourdon dans cette chapelle si hospitalière que Lyon aperçoit de toute part comme le *Labarum* permanent de ses pieuses tendresses, comme un débarcadère des célestes régions, placé entre le Christ et les hommes.

O Marie ! sublime transition du mortel à l'éternité, veillez, veillez toujours sur ce peuple de Lyon qui aime tant à espérer sous votre aile ! Que votre sanctuaire soit toujours pour lui, ce lieu infini où commence, en une ame qui prie, la chaîne mystique dont les petits Anges du paradis vous offrent le dernier anneau, afin que vous le mettiez aux pieds de Dieu !

Oui, depuis près d'un an, je n'ai pas dormi dans ton sommeil, je n'ai pas vécu dans ta vie, je n'ai pas rêvé dans tes rêves, auguste ville de Lyon. — Aussi, avec quelle joie d'enfant je reviens à toi, à vous tous Lyonnais qui m'avez quelquefois aimé et que j'ai toujours chéris ! — La harpe que je porte à la main, ô ma Rome, ne t'est pas inconnue, et s'il est vrai que tu aies daigné m'adopter pour un de tes fils, tu le sais, ce ne fut pas un étranger que tu convias à tes banquets, car mon berceau, il est dans une province ta sœur, ton amie, ta proche voisine, qui s'honore de ton patronage, et s'échauffe de ton soleil....... — Tu ne renieras pas ta vieille parente avec la noble et généreuse Bourgogne.

Mais, pourquoi donc, loin des deux Bourgognes, de la Bresse, de la grave Allobrogie et du Forez, heureuses contrées situées dans le rayonnement de Lyon ; pourquoi loin de Mâcon, de Bourg, de Châlons-sur-Saône, d'Autun, de Beaune, de Saint-Étienne, de Vienne, loin de ces villes satellitaires qui se meuvent autour de ton astre, se réjouissent de tes félicités et s'attristent de tes douleurs, qui sont comme les reflets affaiblis de toi-même ; pourquoi, hors de ces Cités, que ta piété sanctifie, que ta divine protectrice bénit, que tes fêtes enchantent, que le bruit de tes machines encourage, que ton travail fait industrieuses ; pourquoi donc, hors de ce territoire dont tu es le cœur, un public prévenu et frivole s'obstine-t-il à juger, sans l'avoir étudié, le Manchester de France ?

Eh bien! oui, je vous l'accorderai, à vous qui ne voulez rien connaître et rien apprendre, après les palais de carton, les monuments inachevés, les faits provisoires et le monde factice de Paris ; à Lyon, en ce pays de sincérité, l'écorce est dure, rugueuse ; mais soulevez légèrement cette écorce, et voyez quelle sève abondante et riche circule dans les veines de l'arbre. — La poésie est là avec toutes ses harmonieuses amours, avec toutes ses chaudes mélancolies, avec toutes ses suaves virginités. — Il y a trois choses admirables à Lyon, la ville souterraine, la ville monumentale et les mœurs intimes d'un grand nombre de familles chrétiennes.

Vous donc, catholiques, tout d'abord, venez à Lyon aux jours de nos solennités religieuses, et parcourez cette Cité dont la Saône si pure et le Rhône si fier baisent les contours : ou gravissez les odorants côteaux qui la dominent. Promenez-vous au matin, à l'heure où le premier rayon du jour éveille les fanfares des oiseaux et le son de ces mille cloches suspendues aux tours des églises. — De la terrasse aérienne de Fourvières, écoutez ou la longue psalmodie de la sonnerie lombarde adoptée à Lyon, ou les volées si lentes ou les tintements si gradués et si graves de ce bourdon de Saint-Jean, qui mèle sa voix intermittente aux hymnes des carillons, et rappelle la foudre grondant au sein des forêts que la bise rend sifflantes. — Si les joyeux carillons semblent dire à l'homme que vers Dieu sont toutes les allégresses ; le bourdon des basiliques lui crie à son tour qu'à Dieu seul est la suprême puissance, qu'à Dieu seul est la force, qu'à Dieu seul est la majesté. — Écoutez-les bien, tous ces carillons d'une si sainte mélodie [1], si pareils à l'idée que nous nous faisons des concerts des Anges. Avec quelle souplesse ils se balancent, avec quel empressement ils se répondent les uns aux autres, ainsi que les fauvettes des bois. — Puis, regardez-la, cette grande ville de Lyon mollement couchée dans sa péninsule, ou grimpant sur ses montagnes, changeant à chaque instant d'as-

[1] Toutes les cloches de Lyon parlent en ton mineur

pects, figurant d'une manière si vraie la Cite latine toute salubre, toute pittoresque, toute aventureuse, ayant des couronnes de fleurs sur sa tête et de l'eau vive à ses pieds; regardez-la, montrant à tous son histoire religieuse et civile écrite en lettres de pierre au front de ses édifices. Comptez ces collines qu'elle a mises dans son enceinte, ces croix, ces coupoles, ces clochers, ces monastères, ces asiles de charité étagés, éparpillés sur leurs flancs, et dites-moi si la pensée chrétienne manque quelque part dans ce pays que j'ai surnommé, sans rencontrer un seul contradicteur, la Rome Française. — Et puis encore, vous verrez les petits enfants, les innocences de 14 ans et les décrépitudes de 80 hivers, les confréries d'ouvriers, tout le peuple enfin, se presser vers l'arche où repose le Verbe et s'humilier devant l'Eucharistie. — Ah! nos églises de Lyon, ce ne sont pas, comme les temples des protestants, des lys sans odeur et des ruisseaux sans murmure!...... — Nobles et augustes souvenirs si religieusement maintenus à Saint-Jean et à Saint-Nizier, vous êtes toujours présents à ma pensée : dans mes voyages de poète et d'antiquaire, en mes visites de croyant et d'observateur, je vous cherche incessamment dans les différents diocèses que je parcours! Belle Cité de Lyon si pleine de symbolisme et de significations populaires, antique et sainte église, ce sont tes usages que j'aime. Partout, je voudrais trouver quelques coutumes qui ressemblassent à tes coutumes; mais non, tu es, avec l'église de Milan, la seule église de la catholicité qui résumes dans ton rituel le culte grec[1] et le culte romain : tu es l'église admirable, l'église resplendissante entre toutes les églises. Toi seule, tu évoques les conciles de Calcédoine et de Nicée, et tu conserves à nos solennités catholiques toute la poésie de leurs jours natifs. — Ailleurs, je ne vois ni ces centaines d'enfants-de-chœur se groupant, comme des légions d'Anges dans ton mystique sanctuaire, avec leurs surplis à la romaine et leurs petits rabats, ni cette pose convenable et sentie de tous ceux qui l'approchent, depuis le suisse et les bedeaux jusqu'au célébrant. Je ne vois ni l'autel nu du rit ambroisiaque, ni l'autel double des Arméniens, ni les deux croix, signe d'alliance entre les églises d'Orient et d'Occident, ni le calice recouvert d'un voile blanc, image du linceul de Notre Seigneur dans le sépulcre. Ailleurs, je n'entends pas ce plain-chant des temps anciens, chanté par tout le chœur, par les lévites et les thuriféraires, sans qu'un cri d'orgue[2] en trouble la lente et solennelle monotonie ; ailleurs, je cherche en vain le tabernacle reposant, loin de la table du sacrifice, dans un autre crypte[3], le prêtre au regard mys-

[1] Le Rituel de Lyon est traditionnel; il n'est pas écrit. On peut le regarder comme presque entièrement grec.

[2] L'Église de Lyon a constamment rejeté l'introduction de l'orgue, et elle a eu raison, car son admission eût été une insulte au plain-chant.

[3] Le saint Sacrement repose, à Lyon, dans une chapelle latérale ; c'est une commémoration du temps où le Christianisme naissant et persécuté était forcé de cacher l'Eucharistie dans une crypte ou église souterraine.

térieux et intime, à la démarche grave, aux génuflexions profondes et calmes, le chanoine vêtu d'hermine et de pourpre: liturgie, costumes, chants, tout ici rappelle la primitive église. — A Saint-Étienne de Bourges, les voix du chœur sont un véritable croassement; à Paris, les cérémonies saintes sont d'une trivialité, d'une sécheresse sans exemple, d'une inconcevable pauvreté : à Rheims seulement, dans ce monument typique de Notre-Dame, l'église ressemble, de bien loin, à celle de Lyon. — En Belgique, il y a, sans doute, une splendeur, un fracas de culte qui étonne; mais trop de musique, beaucoup trop de redondance, si je puis m'exprimer ainsi, accompagnent ce vieux chant grégorien qui tout seul, et tout nu, chanté par des voix convaincues, et non par des chantres gagés comme cela existe partout hormis à Lyon, est, selon moi, préférable à tous les orchestres de la terre. — A Saint-Étienne de Vienne en Autriche, à Lucerne, à Fribourg en Suisse et dans toutes les églises catholiques d'Allemagne et d'Alsace, on marie bien les sons de l'orgue au plain-chant; mais c'est avec un sentiment si parfait des convenances musicales, avec un tact si exquis de la dignité du chant et de la majesté des saints mystères, que je n'ai pas la force de m'en plaindre, malgré mon aversion pour la musique dans les églises.

Allez donc, allez ou à l'église primatiale de Lyon, dont la sainte tristesse et la merveilleuse obscurité vous rappelleront les jours des catacombes, des cathécumènes et des conciles, ou à Saint-Nizier dont l'air de fête exprime l'église[1] triomphante et victorieuse. — Ah! si dans l'une de ces vénérables basiliques, vous pouvez entendre chanter la préface de la messe par un prêtre à cheveux blancs, si vous pouvez ouïr la plus belle prose de l'année, celle de la Fête-Dieu, LAVDA SION SALVATOREM, au rhythme changeant, vous aurez divinisé votre existence, — Cette invitation à vous aussi s'adresse, esprits forts que toutes vos intimités entraînent vers le culte, mais que la vanité du siècle en éloigne.

Et vous, touristes éclairés, qui demandez avant tout à la Cité ses sens historiques, quelle ville mieux que Lyon, vous offrira à côté de ses ruines gallo-romaines, une échelle graduée d'édifices publics et privés, vous exprimera toutes les phases de l'architecture religieuse, civile et militaire, depuis la période latine, jusqu'à nos jours?

Moralistes, poètes, coloristes, observateurs de mœurs et de coutumes, trouvez une Cité qui ait consacré son individualité plus vierge, qui ait su allier, comme Lyon, sans que l'un ou l'autre en souffre, la piété et l'industrie; qui

[1] D'importantes restaurations s'opèrent en ce moment à Saint-Nizier. L'architecte chargé de la direction des travaux me paraît s'être imposé la tâche de mettre le style de chaque chapelle en harmonie avec celui de la période artistique pendant laquelle vivait le saint. L'église souterraine va recevoir une entrée commode dans le goût romain, à type si tumulaire et si grave.

ait tout accueilli dans la civilisation, excepté son révoltant scepticisme et ses jongleries. Trouvez-moi une ville où il y ait tant de cœurs neufs et frais, une charité aussi effective, une aussi grande abondance de secours et de consolations, une ville qui inscrive sur la porte de ses cimetières, des phrases aussi touchantes que celle-ci :

HIC . PAVPER . GRATVS . DEO MISERIAM
IN . OPES . AETERNAS . CONVERTIT

Trouvez-moi une ville qui renferme tant de jeunes imaginations adonnées à la poésie, tant d'ames éprises de sympathies artistes, tant d'hommes doctes livrés à la science; une ville qui ait, ainsi que Lyon, ses statuaires à elle, son école de peinture à elle, sa littérature à elle, ses pacifiques et sincères admirations. — Ici, le passé est toujours sous le présent; la maison bien blanche sur la rue cache la voûte en ogive et l'escalier de la renaissance ou du XVe siècle; ici règne la famille avec ses fêtes patronales, ses respects pour la vieillesse, son culte du foyer et ses habitudes héréditaires.

Eh quoi! — Parce que Lyon est le siège d'une immense fabrique, parce qu'un peuple de marchands emplit ses rues, parce que Lyon est un centre de prodigieux labeurs et d'incessante industrie, parce que nulles apparences trompeuses n'y séduisent les yeux, parce que la boutique y est encore simple et noire, parce que nulles charlataneries, nuls mensonges de luxe et d'éclat ne s'y prosternent aux genoux du passant, vous jugez que c'est une prosaïque Cité. — Croyez-vous donc que les affections du cœur, les douces occupations de l'esprit ne soient pas compatibles avec le commerce; croyez-vous que les beaux-arts et le négoce ne puissent pas s'asseoir au même banquet, partager les mêmes joies, vivre du même air, s'abriter sous le même toit?.....

Oh! étudiez Lyon aux éléments si divers et si compliqués. — Il vous faudra beaucoup de temps et de bonne foi pour le connaître; mais quand vous l'aurez enfin compris, comme vous le préférerez à ce Paris où les scandales courent les rues, où tout est postiche, où tout est tréteaux et comédiens, où les avantages d'un siècle qui s'y pose et s'y montre prodigue de fertilisation et de lumière, ne sauraient faire oublier le limon et les ordures qu'il y dépose. — Lyon, voyez-vous, a inscrit ces deux mots sur sa bannière :

PRIERE · ET · LABEVR.

Cherchez une ville peuplée d'à-peu-près deux cent mille habitants, si héroïque quand elle est en armes, si résignée dans ses infortunes, si énergique dans ses périls, si calme dans ses prospérités, si patriotique dans son esprit national, si reposée dans sa gloire, si sublime d'activité et de silence, soit qu'elle dorme ou qu'elle travaille.

Gloire, gloire à toi, Lyon, sainte émanation de la Ville Éternelle, gloire à toi, car tu rayonnes d'immortalité, car Rome t'a prêté l'une des clefs de saint Pierre, car de ton sein partiront tous les sages et bons exemples qui doivent régénérer les Cités de France, car tu pousseras le premier cri de palingénésie sociale.

Mais je veux vous conter une courte histoire lyonnaise que nul art n'a faite.—Simple et vraie, elle sera comprise par le peuple, et les classes instruites, peut-être, ne la dédaigneront pas.

II.

MARIETTE.

Mariette vivait à Lyon. — Oh ! Dieu qu'elle était belle, Mariette, avec ses vingt printemps épanouis comme une touffe de fleurs sur son front candide, avec ses grands yeux noirs toujours tendus vers le ciel, avec ses petits pieds, ses petites mains, sa douce figure, son haleine délicieuse, sa gorge transparente, avec ce charme répandu sur tout son être ! — Mais aussi, que son cœur était bon, son ame élevée, sa position sociale humble !

Mariette, elle était née pauvre, fille honnête

et vertueuse d'un pauvre père mort depuis longtemps aveugle et fou et d'une pauvre mère qui mendiait. — Et où était-elle née ? — Hélas ! où naissent les pauvres, dans la soupente d'un cinquième étage, dans une de ces rues tortueuses, sales et fétides qui avoisinent la paroisse de Saint-Georges. — Dès l'âge de 12 ans, on l'avait emprisonnée dans une fabrique, et là, du matin au soir, elle travaillait de ses mains, pour gagner quelques sous qu'elle venait, le soir, offrir à sa mère.

Huit années passées dans l'atelier au milieu des plus pénibles labeurs, n'avaient rien enlevé à Mariette des graces dont la Providence s'était plue à la parer. — C'était toujours le même son de voix, le même sourire de lèvres, les mêmes caresses de cheveux, la même virginité de regard, la même souplesse de membres, la même fraîcheur de peau. — Tous ses jours s'étaient ressemblés ; nul événement d'amour, nul rêve passionné, nulle demi-science, nul appétit de sensualisme, nulle sympathie caractérisée pour un être de sexe différent du sien, n'avaient troublé la constante monotonie de cette obscure existence. — Oh ! je n'appellerai pas, je ne puis appeler amour, ces regards d'intérêt discrètement élevés, quelquefois, par Mariette, vers de beaux jeunes hommes qui la regardaient, ce sentiment de bien-être qu'elle avait souvent éprouvé, en causant avec de beaux jeunes hommes, ce besoin instinctif de protection et de tendresse, qui, par intervalles, l'avaient effleurée. - - Rien de tout cela n'avait été calculé et réfléchi, et c'est la réflexion qui fait l'amour. —Mariette, c'était un bijou qu'on n'avait pas encore vu, peut-être, dans son véritable jour.

Mais, vous le savez trop, en avril 1834, une horrible tempête s'éleva à Lyon. Il y eut une semaine qui bouleversa bien de vies, jeta bien des orphelins sur le pavé, fit avorter bien des mères, rompit bien des liens, ruina bien des fortunes et entassa bien des cadavres dans les cimetières. — Ce fut à ces douloureuses circonstances d'émeute, de mitraillades et de tocsin, que Mariette dut la première lueur d'amour qui brilla dans son cœur et l'embrâsa de suite. — Ainsi la clarté trop soudaine et trop vive d'une lampe brise le tube de cristal qui la captive, s'il n'a pas été progressivement échauffé.

Cependant, le mercredi neuf avril après-midi, Mariette ne put regagner le réduit de sa mère. — Quelques filles pauvres et innocentes, mais non jolies comme elle, avaient seules travaillé à l'atelier avec notre vierge de 20 ans. — Les ouvriers, eux, ils avaient déserté la fabrique...... l'insurrection les appelait ailleurs.

Tremblotante et à demi-morte d'effroi, la belle Mariette essaya de descendre la *Grande-Côte*; mais refoulée durement avec des groupes de femmes et d'enfants, par la milice, elle se réfugia dans une maison de triste apparence, voisine du Jardin des Plantes, où elle trouva une famille malheureuse qui la recueillit et voulut avec elle partager le reste de son pain noir et de ses légumes desséchés.

Un jour se passa, deux jours se passèrent, trois, quatre jours se passèrent..... le pain noir de la famille hospitalière avait pris fin dès le lendemain du second. — Vous dire comment elle vécut, c'est ce que je ne pourrais faire : sûrement qu'elle trouva quelques secours dans les étages inférieurs de la maison, car proclamons-le à la gloire de Lyon, tout le monde, petits et grands, s'entr'aidèrent pendant les six journées de cruelle captivité.

Le dimanche 13, Mariette profita de la liberté accordée d'abord, puis promptement retirée, de circuler dans les rues de Lyon; hélas! cette liberté ne s'étendait point aux ponts qu'il était défendu de traverser [1], et la pauvre fille ne put pas encore aller rejoindre sa mère; mais elle se retira chez une de ses parentes qui habitait les alentours de l'Hôtel-Dieu.

Que d'événements pour Mariette, dans ses quelques jours de réclusion au sein de la famille inconnue qui lui avait ouvert sa porte! — Là, elle avait trouvé un ouvrier de vingt ans aussi, à l'œil tendre, aux formes noblement dessinées. Ce jeune homme s'était plu à lui donner ses marrons secs et ses *rougets*, à la rassurer, à la consoler, à l'environner de soins et d'égards. — Pendant que le sang coulait sur la place publique, deux cœurs s'étudiaient, se

[1] Proclamation de M. de Gasparin, en date du 13 avril 1834.

rapprochaient, et finirent par s'absorber réciproquement, c'étaient ceux de Symphorien et de Mariette.—On s'aima, on s'avoua qu'on s'aimait, on s'adora, on se quitta en se promettant de s'aimer toujours.—Ah! l'amour, l'amour, c'est chose bien vîte apprise.

III.

L'ANTIQUAILLE.

En remerciant, au matin du dimanche, l'obscur ménage qui l'avait reçue, Mariette avait donné son adresse à Symphorien, et le jeune ouvrier avait promis avec un incroyable enthousiasme de se rendre au lieu indiqué, à trois jours de distance.

La guerre civile s'était éteinte durant la *sixième journée* du lundi 14, et le mardi tout était calme dans Lyon, bien que la soumission de la Croix-Rousse n'ait été complète qu'à midi. — Aucun obstacle militaire ne pouvait donc empêcher Symphorien d'arriver chez son amie, le mercredi 16, à l'heure convenue, qui était deux heures de l'après-midi.

Mariette avait raconté à sa mère tout ce qui s'était passé entre le cœur de Symphorien et le sien; elle prononçait le nom de son ami, quand une heure sonna (c'était l'heure fixée par Symphorien). — Personne ne vient. Une heure et demie tinte; deux heures, deux heures et demie, trois heures ont frappé; quatre heures, cinq heures sonnent; le jour se passe, le lendemain commence et finit, le surlendemain fournit sa lumière et son temps, et Symphorien n'a pas volé aux bras de l'amante qui l'attend si impatiente et si tendrement éprise.

Il y a des cœurs qui ne résistent point à la douleur; celui de Mariette était de ce nombre. Elle fut saisie d'une sorte de fièvre convulsive accompagnée de symptômes alarmants.

Le père de Mariette était mort fou.

— Il n'en fallut pas davantage pour faire naître dans la maison et dans la rue, le bruit que la jeune et belle fille était folle aussi.

— Cela tient de famille, disaient les uns.

— Aux *Antiquailles*, aux *Antiquailles* [1], Mariette, *elle est bien tant folle*, folle, folle à enfermer bien vite, vociférait-on sous les fenêtres de la maison.

Une tuile tomba du toit de cette habitation, tua un petit enfant dans la rue.

— C'était la *folle* qui l'avait lancée.

Plusieurs autres circonstances insignifiantes servirent aux voisines, aux *canuses*, qui enviaient à Mariette ses charmes et sa pureté, d'armes puissantes contre l'amie de Symphorien.

Bientôt le propriétaire de la maison où vivaient Mariette et sa pauvre mère, demanda que la *folle* fût enfermée, et l'Antiquaille reçut sa victime.

[1] Le peuple dit assez généralement *les Antiquailles*.

Vous connaissez tout aussi bien que moi ce vaste édifice à la jaune couleur, aux toits de tuiles noires vernissées, que l'on nomme l'Antiquaille. Vous savez que flanqué de hauts pavillons, il ressemble de loin à un château semi-féodal, posé à mi-côte, pour regarder le Rhône, le Mont-Blanc et le Dauphiné, tout à son aise.

C'est un curieux et vaste établissement que l'Antiquaille, régi, comme tout ce qui à Lyon, tend ses bras aux pauvres, aux malades, aux orphelins, par une administration pleine de vigilance, de tendre sollicitude, éclairée, compatissante et paternelle. Il est assis dans le lieu le plus pittoresque, le plus sanctifié par les martyrs, le plus historique de Lyon, sur le cachot où sainte Blandine fut attachée à un anneau que l'on voit encore, à deux pas du Calvaire, de l'église consacrée d'abord aux Machabés, puis à Saint-Just :

MACHABEIS . PRIMO
DEINDE . SANCTO . IVSTO

non loin de Loyasse, de Saint-Irenée, du Calvaire, de Notre-Dame-de-Fourvières, qui semble couvrir de son aile tous les pieux asiles qui sont nés de son souffle, près des ruines romaines du Lyon antique, et sur un point merveilleusement disposé pour embrasser le Lyon moderne. Des débris latins, des marbres arrachés, aux temples détruits du paganisme, ont servi à édifier l'Antiquaille (AB ANTIQVIS) et les fondations de cette vaste maison sont des racines romaines.

Ce fut là que Mariette fut enfermée....... et pourtant, elle n'était que malade, la belle Mariette, point elle n'était folle..... seulement son jeune cœur, son excellent cœur souffrait.

IV.

LA NOTRE-DAME D'AOUT.

Oh! combien elle gémissait, Mariette, de se voir ainsi exilée parmi les aliénés, elle qui sentait sa raison remuer, saine et nette, au fond de son âme, toute sa vie refoulée, il est vrai, dans une petite portion de son être, mais enfin sa vie réelle, sa vie d'intelligence et de sensation palpiter et gémir. — Pouvait-elle maîtriser ses transports, la pauvre Mariette?..... Hélas! non. — Mais elle se mit à pleurer pendant quatre mois, et ses pleurs ne tarirent qu'au matin de l'Assomption qui était la fête de Notre-Dame-de-Fourvières et la sienne.

Toutes les cloches de Lyon chantent leurs hymnes d'allégresse. Le carillon de Saint-Pierre si sévère avec ses tons mineurs, le gai carillon de Saint-Louis, la sonnerie argentine de Saint-François de Sales, la sonnerie accentuée de Saint-Just, les douces voix d'airain de la chapelle de Fourvières, remplissent les airs de mélodieuses vibrations, pendant que les oiseaux du Ciel, avec plus de joie que jamais, gazouillent dans toutes les têtes d'arbres qui peuplent les collines voisines de Lyon, pendant que les petits ruisseaux avec plus d'harmonie murmurent, que les eaux vives avec plus de limpidité s'écoulent, pendant qu'un magnifique soleil inonde la cité de lumière et de reflets, pendant que le gros bourdon de Saint-Jean mêle à tous ces concerts de la nature et des hommes, ses majestueuses et solennelles syllabes, ses notes sourdes et ses clameurs voilées.

Des filles vêtues de blanc, des troupes de pélerins, gravissent le saint coteau ; une haie de malheureux balbutiant les litanies de la Vierge, de pauvres femmes qui tendent une main livide aux passants et pressent de l'autre les grains d'un rosaire, de petits enfants qui récitent des AVE MARIA, une file immense de boutiques en plein vent où l'on vend des médailles de Marie, des statuettes de Marie, des estampes représentant l'Assomption de la glorieuse Vierge Marie, voilà ce que, dès le grand matin de la Notre-Dame d'Août, on apercevait sur les hauteurs du FORVM VETVS. A la radieuse chapelle, tout était parfums, prière et fleurs, et la bannière blanche de la reine des Anges, déployée, semblait mettre un touchant emblème de plus dans ce lieu si plein de mystiques significations.

Depuis près de six vingts jours, la belle Mariette voyait entre le cœur de Symphorien et elle, les grands murs de l'Antiquaille; depuis six vingts jours à peu près, elle versait des larmes.

— Oh! combien elle aurait voulu se mêler à toutes les félicités d'un peuple religieux, prendre sa part de la fête des vierges, prier dans son propre sanctuaire son auguste et tendre patronne!

L'Antiquaille avait pour aumônier un homme d'une haute raison. Dès le matin, Mariette lui avait fait demander une entrevue confidentielle qui fut facilement accordée.

— Mon père, dit la jeune fille, soyez assez bon pour me conduire, avant la messe, dans le cachot où Sainte Blandine a été martyrisée. J'ai à vous faire des aveux dignes de tout votre intérêt, j'ai à vous ouvrir tout un cœur malade, bien malade; le lieu où je désire m'entretenir avec vous, vous sera un gage de ma sincérité.

Et Mariette dit cela d'une voix si timide et si pure, que le prêtre n'hésita pas à se rendre au vœu d'une fille reputée folle.

Quand l'un et l'autre se trouvèrent ensemble dans le caveau, Mariette lui raconta avec une naïve candeur la position morale dans laquelle elle était placée.... Et puis elle termina ses confidences par cette phrase :

« Par l'anneau de fer de la bienheureuse Blandine, par la sainteté de l'air que nous respirons ici, mon père, je le jure, je vous ai dit la vérité et toute la vérité, et rien que la vérité; je ne suis pas folle. »

— Allons mon enfant, répondit le prêtre, la messe nous appelle l'un et l'autre. Jetez-vous aux pieds de votre céleste patronne, Mariette, implorez *Notre-Dame-des-sept-douleurs* à qui nous avons, l'an dernier, érigé un autel dans la chapelle de cet hospice; priez avec une infinie ferveur, et Dieu vous bénira et la sainte-Vierge aura pitié de vous. — J'userai, soyez en sûre, de tout mon pouvoir pour vous être utile, et dès aujourd'hui je me concerterai avec les médecins de l'établissement.

V.

RUSE ET HYMEN.

Et quand Mariette sortit de la messe, il y avait grande rumeur dans la cour de l'Antiquaille. — C'était un fou furieux qu'on amenait.

—O surprise! Mariette reconnaît dans ce fou qui?....... son amant, Symphorien.

—C'est toi mon amie, c'est Mariette, me voici; je viens te rejoindre...

—Ah! mon chéri, que je suis aise de te revoir....

Et malgré la foule, malgré les gardes qui entouraient Symphorien, les deux amants se précipitèrent dans les bras l'un de l'autre.

Après l'enthousiasme des premiers épanchements, le fou furieux se montra pacifique, doux comme un agneau; son front ridé se reposa, ses yeux hagards redevinrent sereins , son visage grimaçant se changea en une belle et calme figure de jeune homme.

Pour Mariette , plus elle ne sembla prise de convulsions, plus elle ne parut aliénée, car à ses agitations maladives, avait succédé la joyeuse émotion qui vient de l'ame. Ses yeux baignés de larmes semblaient radieux ; tout son être avait été métamorphosé.

— Oui , c'est moi , Mariette ; nous nous aimons, nous étions séparés l'un de l'autre, et voilà toute notre folie.

« La veille du jour où je devais aller vous visiter chez votre mère , une affaire m'appela *en* vaise. Je me trouvai, je ne sais comment mêlé à quelques insurgés; arrêté comme suspect, je fus mis en détention, et ce n'est qu'avant-hier que mon innocence ayant été pleinement reconnue, j'ai été immédiatement élargi. Après une détention de près de quatre mois. »

« Aussitôt je volai chez vous, et j'appris tout ce qui s'était passé ;.... j'étais bien certain qu'à ma vue seule, votre folie s'envolerait, et pour parvenir à vous rejoindre, j'ai si bien et si complétement joué la frénésie qu'on m'a conduit à l'Antiquaille. »

Cette scène qui se passa dans la cour de l'Antiquaille eut plus de puissance que toutes les décisions médicales possibles.

Le lendemain matin, à onze heures, Mariette et Symphorien étaient libres et priaient ensemble à Fourvières.

Huit ou dix jours après, un prêtre bénissait un humble et obscur hymen, c'était celui des deux amants.

Quand vous vous rendrez à la *vogue* de Villeurbane (VILLA VRBANA), remarquez, près de l'église, une maison blanche autour de laquelle bruissent quelques peupliers; — c'est celle qu'occupent aujourd'hui Symphorien et Mariette. Une succession inespérée arrivée à l'époux, a fait d'un malheureux ouvrier, un petit propriétaire qui vit aisé, retiré, et compte ses jours par ses félicités, et de la *folle* de l'Antiquaille, une femme assez heureuse pour pouvoir souvent tendre un morceau de pain au mendiant, et porter quelques bouillons aux malades.

www.ingramcontent.com/pod-product-compliance
Lightning Source LLC
LaVergne TN
LVHW021648170726
843501LV00007B/2473